* 9 7 8 9 9 4 8 0 9 6 9 6 2 *

واحة الحكايات للنشر والتوزيع
دبي- واحة دبي للسيليكون
الإمارات العربية المتحدة
Wahat Alhekayat Publishing
and Distribution - UAE
Dubai +97143336366
+971504599804
+971558236687
info@wahatalhekayat.com
www.wahatalhekayat.com
www.wahatalhekayat.academy

سلسلة لكل حرف حكاية
قصة: خيمة خالد
تأليف: صفاء عزمي
رسوم: زينة المسيري
ISBN 9789948096962

متجر واحة الحكايات

أكاديمية واحة الحكايات

خَيْمَةُ خالِد

تأليف: صفاء عزمي

رسوم: زينة المسيري

نَصَبَ خالِدٌ خَيْمَةً في الخَلاءِ...
ووَضَعَ فيها خَمْسَ مِخَدّاتٍ...
وحَوْلَها خَمْسَ وَرْداتٍ...

خـارِجَ الخَيْمَـةِ خالِدٌ
وضَعَ ثَلاثَ خَوْخاتٍ...

كَما وضَعَ خَسًّا وخِيارًا
وبَعْضَ الخَضْراواتِ...

8

9

وخَمْـسَ فَراشاتٍ.

وَأَجْمَلُ الأوْقاتِ كانَتْ عِنْدَما
شاهَدَ: خَمْسَ سَيّاراتٍ...

13

وعِنْدَما سَأَلَتِ الْمُعَلِّمَةُ:
مَنْ يَحْكي لَنا حِكايَةً جَميلَةً؟

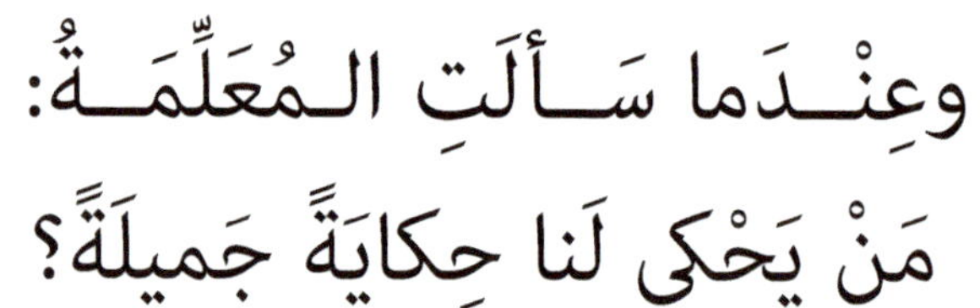

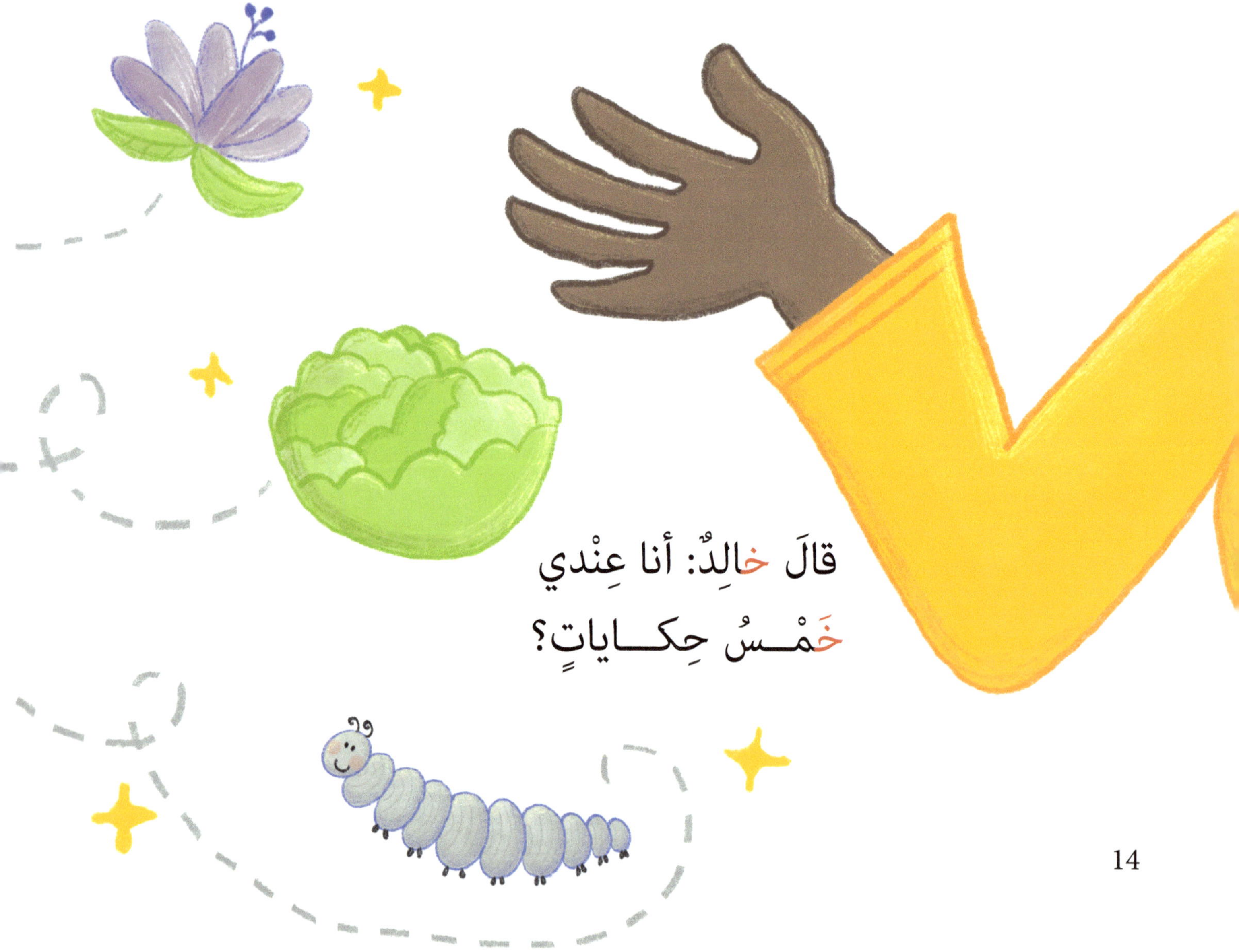

قالَ خالِدٌ: أنا عِنْدي
خَمْسُ حِكاياتٍ؟

نِقاشٌ: لِماذا وَضَعَ خالِدٌ خَمْسَ مِخَدَّاتٍ في الخَيْمَةِ؟

تَفْكيرٌ: حَصَلَ خالِدٌ عَلَى عِدَّةِ هَدايا. ما هِيَ الهَدِيَّةُ الَّتي تَتَمَنَّى أَنْ تَحْصُلَ عَلَيْها؟

تَأَمُّلٌ: في صَفْحَةِ (9-8)، أَيْنَ يَعيشُ الدُّودُ؟

اِقْتِراحٌ: أَقْتَرِحُ اسْمًا جَديدًا لِلقِصَّةِ.

وَصْفٌ: أَبْحَثْ عَنْ شَجَرَةٍ تُعْجِبُني، وأَصِفُها بِعِدَّةِ كَلِماتٍ... مِثالٌ: شَجَرَةٌ طَويلَةٌ، رَفيعَةٌ، خَضْراءُ.